पंक्तियाँ

एहसासों से शब्दों तक

श्वेता लंके काने

BookLeaf Publishing
India | USA | UK

Made with ❤ on the BookLeaf Publishing Platform
www.bookleafpub.in
www.bookleafpub.com

Dedication

वक्त के साथ जिंदगी की उलझने सुलझती गई,
और समझ आया कि हम हमारे सोच से बंधे है,
जब सब हाथों से निकलता गया,
तब एहसास हुआ कि हम कुछ जकड़ कर नहीं रख सकते।

उम्र के साथ समझ पाई की एहसास ही है जो हमें इंसान बनाता है,
अच्छा या बुरा ये हमे हर कदम पे चुनना है,
भगवान में आस्था दृढ़ हो तो ये फैसले मुश्किल नहीं होते।

मैंने जिंदगी में क्या खोया अब ये मायने नहीं रखता,
पर जो पाया है वो बयान भी नहीं कर सकती,
प्यार, आशीर्वाद, दोस्ती और जिंदगी,
गुरु का स्नेह और ईश्वर का आशीष भी।

बस यही प्रार्थना है,
ये चित श्री चरणों में समर्पित रहे।

Preface

ये कुछ पंक्तियाँ है,
जो मेरे एहसासों को शब्दों में ढालने की कोशिश कर रही है।

आंखे खूबसूरती देखती है,
पर कैमरा वो भाव कैद नहीं कर पाता,
शायद वैसे ही,
मैं भी शब्दों में मन की बात पूरी तरह कह नहीं पाई।

जिंदगी उतर चढ़ाव का नाम है,
कभी खुल कर खुशियां देती है,
कभी हर पल परीक्षा लेती है।
हम कैसे जिए,
इसका हिसाब भी रखती है।

जैसी इंसान बनी हु,
स्त्री के हर रूप को हिचकोले खाकर जी हु,
आज जहां हु,
जैसी हु,
समाधानी हु।

Acknowledgements

जाने से पहले,
कुछ कहना चाहती थी,
मन की बात मन में ना रह जाए,
इसलिए कुछ पंक्तियाँ लिखना चाहती थी।

ये पंक्तियाँ हर एहसास में छिपे 'आप' को अर्पित है।

1. पावन भक्ति और निश्चल श्रद्धा

भगवान की आस में जब मन बैरागी हो जाएं,
स्वयं की खोज आत्मा को अस्वस्थ कर जाए।
हर क्षण ध्यान विचलित होने लगे,
तात्पर्य कहीं अधूरा सा लगने लगे।
क्या ढूंढ रही हूं ये बता ना सकू,
फिर भी एक पल रुक ना पाऊं।

तब मैं ने सवाल पूछे आसमान से,
जवाब मांगे इस धरती से।
कितनी बातें कर ली मैंने,
भगवान के रचे इस निसर्ग से।
किताबो से दिशा मांगी,
शब्दों में आसरा ढूंढा।

फिर जा पहुंची उन चरणों में,
गुरु कहते है जिन्हे ग्रंथो में।
जिज्ञासु की तरह आई थी मैं,
बहुत सवालोसे ओतप्रोत।
गुरु ने दी मां सी ममता,
और आशीष पिता जैसा।

सवालों के जग से परे,
जवाबो के पार,
गुरु ने दिया ऐसा ज्ञान,

जीवन के मायने ही बदल गए।

बिना शब्दों का है ये संवाद,
पर शिक्षा जन्म जन्मांतर की।
गुरु बिना हर ज्ञान अधूरा है,
स्वयं का हो या परमात्मा का।
गुरु की वाणी सत्य स्वरूप,
हृदय प्रेम भाव से भरपूर।

गुरु बिना जीवन का सही प्रवाह नहीं,
गुरु बिना मोक्ष की ओर प्रवास नही।
हे गुरु, नित्य यूहीं नतमस्तक रहे,
तेरे दिखाए रास्तों पर मार्गस्थ रहे।
आज गुरु चरणों में क्या अर्पण करू,
तेरे बिना मेरा कोई अस्तित्व ही नहीं।

जीवन कार्य जो विधि लिखीत है,
मार्ग मेरे धर्म से प्रेरित रहे।
उसे पूर्ण करू ये आशीष दे,
तेरा दर्शन हर कर्म पूरती में रचित रहे।
आंखें मूंद जब भी तेरा हृदय से स्मरण करू,
वहीं चरण स्पर्श का आत्मा से अनुभव करू।

गुरु स्मरण बिन कुछ और ना आए,
गुरु चरण बिन कुछ और ना भाए।
गुरु दर्शन बिन कुछ और ना सुझे,
गुरु बिना मन में छुपा प्रभु कैसे कोई पाए।

पावन भक्ति और निश्चल श्रद्धा,
दूजा ना कोई मार्ग ईश्वर तक का।
भगवान हर हृदय में स्थिर स्थापित रहे,
निर्मल आत्मा उन्हें अखंड समर्पित रहे।

2. अम्बे जगदम्बे हे पराशक्ति,

हर कण में तेरा वास,
हर प्रण में तेरी आस,
हर क्षण में तू ही पास।

प्रसन्न तेरा हर रूप,
प्रेम ही तेरा स्वरूप,
तुझ बिन सब विद्रूप।

संकटों का कर विनाश,
अन्धकार का नाश,
मेरे भय का सर्वनाश।

तेरे चरणों में मेरा शीश,
रहे मुझ पर तेरा आशीष,
हे मां, तू ही मेरा सर्वाधीश।

दे मोह मया से संन्यास,
कर्म पूर्ति ही रहे प्रयास,
तुझ ओर अब मेरा प्रवास।

संसार भाव से दे विरक्ति,
प्रारब्ध जीवन को शक्ति,
जन्म मृत्यु के प्रपंच से मुक्ति।

नव चंडिका तेरा अवतार,
तांडव तेरा अति खूंखार,
वात्सल्य भी तुझमें अपार।

प्रेम दात्री आदिशक्ति,
बल देती तू पराशक्ति,
अम्बे जगदम्बे हे शक्ति।

निहारूं तेरा स्वरूप और सृष्टि,
दे ऐसी मुझे मां निस्सिम भक्ति,
पाऊं तेरे चरणों में जीवन से मुक्ति।

तेरे चरण में स्वतः अर्पण,
हृदय में अखंड नमः स्मरण,
तुझ में ही मेरा अंतः समर्पण।

....

ज्योतिर्लिंग अतिसुंदर,
बहे पामोही निरंतर,
मां मनसा का वास,
नमन तोहे भीमाशंकर।

अर्पु फूल और बेल पत्र,
तेरे नाम का अखंड सत्र,
जपु ओम नमः शिवाय,
ना भाए कोई दूजा मंत्र। .

3. चाय की प्याली

चाय ही तो है,
फिर उबल जायेगी,

कहा रोज यूंही दिल की बाते होती है,
कहा रोज यारी दोस्ती की बारी आती है,
कहा रोज भूले बिसरे वो गीत याद आते है,
कहा रोज शायरी और ग़ज़लों को इर्शाद कहते है।

कहा रोज अजनबी भी हमसफर बनते है,
कहा रोज चलते चलते हम कदम मिलते है,
कहा रोज अनजाने रस्ते अपने से लगते है,
कहा रोज हम मंजिल से आगे चलते है।

कहा रोज दिल की धड़कने सुनाई देती है,
कहा रोज खामोशी भी सुकून देती है,
कहा रोज अनकही बातें भी समझ जाते है,
कहा रोज बिना सुलझाए सवाल हल हो जाते है।

कहा रोज दिल मुड़कर पीछे देखना चाहता है,
कहा रोज धुंधली तस्वीर को फिर छुना चाहता है,
कहा रोज गुजरा प्यार आंखो से छलकता है,
कहा रोज खाली हथेली पे आंसू ठहरता है।

कहा रोज जिंदगी बिना मकाम रुक जाती है,

कहा रोज वक्त हमारे साथ थोड़ा थम जाता है,
कहा रोज सिरहाने पर कोई सुनहरा सपना ठहरता है,
कहा रोज ख्वाइशों में पड़ी सिलवटों पर चैन मिलता है।

कहा रोज खुला आसमान घर सा लगता है,
कहा रोज ये धरती बिछौना बन जाती है,
कहा रोज नदी का पानी पैरों पर से बहता है,
कहा रोज ये पगडंडियां पहाड़ों तक ले जाती है।

कहा रोज अपने आप से हम रूबरू होते है,
कहा रोज वहम और वास्तविकता को नापते है,
कहा रोज झूठ को सच नहीं मानते है,
कहा रोज अपना मुखौटा छिपाकर मुस्कुराते है।

कहा रोज चाय की प्याली इतनी खास लगती है,
कहा रोज अदरक मसाले की खुशबू सहलाती है,
कहा रोज पुराने कट्टे और नुक्कड़ की बारी आती है,
कहा रोज यारी दोस्ती की बारी आती है।

चाय ही तो है,
फिर उबल जायेगी......
यारी, दोस्ती और रिश्तेदारी,
हर लम्हा याद दिलाएगी ये चाय की प्याली।

4. चांद सा.......

आज तेरी ये चांदनी कुछ खास है,
हर लम्हा जगाती कोई आस है,
लहरों से भी तेज़ मेरी सांस है,
लगता है की तू मेरे पास है।

तू इतना करीब है की बस छु लू तुझे,
दिल की आरज़ू सा छिपालू तुझे,
खाली हथेली पे सजालू तुझे,
हर सचाई से चुरालू तुझे।

हर शाम परबतो से निकलता है,
आसमान में जाके ठहरता है,
बदलो से कभी झांकता है,
फिर सुबह खो जाता है।

मेरी रूह का उजाला है तुझसे,
क्या कहूं क्या नाता है तुहसे,
यादों का कारवां है तुझसे,
मेरा जैसे होना है तुझसे।

तू यूंही गगन में सदा चमकता रहे,
दुआओं में अक्सर झलकता रहे,
पूनम हो तो तू जगमगाता रहे,
अमावस से फिर उभरता रहे।

होगी हमारी कहानी पूरी भी,
वक्त की बात है ये दूरी भी,
हू तुझमें कही मैं छुपी भी,
सीप में ढके मोती सी।

5. फूल स्वरूप

ना जाने क्या है इस बाहर में,
जो मन को छु गया,
जीवन कठिन सही,
पर रास्ता मधुबन बन गया।
हर एक कदम पर,
मुश्किल हजार सही,
फूलों की पगडंडियों ने,
कांटो का डर भुला दिया।

यूंही खिलते रहे,
यूंही मुस्कुराते रहे,
जिंदगी जीने का नाम है,
यूंही गुजार के इसे जाया ना करो तुम।
उम्मीदों के रंगों से,
हर दिन भर दो आज,
कांटे तो मिलेंगे ही,
ये बात सोचकर दिल छोटा ना करो तुम।

कभी बालों में सजा,
कभी हथेली पर रुका,
हर फूल अपनी एक,
खूबसूरत सी निशानी छोड़ गया।
कभी अत्तर बना,
कभी गुलाल में ढला,

हर फूल बस यूंही,
अपनी खुशबू का असर घोलता गया।

चाहे पतझड़ में खिले,
या कभी बाहर में,
जीने का हुनर,
हर तरह से हमें सिखा चला गया।
उम्र छोटी सही,
पर दास्तान बड़ी हो,
जीवन निराशा नहीं,
यही बात दोहराता चला गया।

खुशबू का है,
और रंगों का,
ये कारोबार तो,
नियति के निसर्ग का है।
फूल स्वरूप मैं,
मैं स्वरूप फूल,
हर फूल पावन है जो,
श्री चरणों पे अर्पण हुआ।

6. कोई एक शाम.......

ओढ़कर इस शाम को,
खुद के साथ बैठ लू मैं पल भर।
रात का आना तो तय है,
और मेरा फिर जिंदगी बन जाना भी।

आता पल रुकता नहीं है,
और हर लम्हे का वजूद तिनके भर का है।
वक्त रुकता नहीं है,
फिर भी अनजाने में मैं ठहराव ढूंढने लगी।

काफी दूर चली आई हु मैं,
अभी भी लंबा रास्ता बाकी है उम्र का।
बैठे बैठे आसमान ताकती हु,
और क्षितिज तक जमीन नापती हु।

ये वक्त कितना भी लुभाए,
हर शाम की तरह ये भी रात ही में ढल जायेगी।
मैं फिर अपनी मुठ्ठी में बंद,
सारी ख्वाइशों को चाय के साथ पी जाऊंगी।

मैं मुसाफिर हु,
और मेरी बातें करवा है।
रास्ते के हर मोड़ पर,
एक नई शाम दस्तक देकर मुझसे जुड़ जाती है।

कुछ छूट जाता है,
कुछ साथ हो लेता है,
जिंदगी उम्र में लिपटी,
फिर किसी शाम से रूबरू होती है।

..

दो घड़ी भर की है जिंदगी,
न जाने क्यों जमाने सी लगती है,
एक बूंद है पानी की बस,
न जाने क्यों समंदर बन घूमती है।

7. एहसास

आसमानी थी,
रंगो की दास्तां थी,
मैं कोई मुसाफिर थी,
ना जाने कौन सी राह थी,
ना जाने कहां मेरी मंज़िल थी,
एक गुमराह सी मेरी कहानी थी,
यूंही गैरो में ढली मेरी ज़िन्दगी थी,
पर एक शाम यू छु कर गुजर गई थी,
राहें और मंजिले मुझमें ही समा रही थी।

....

जो हम कहने से कतराते रहे,
वो तो बस यूहीं बया कर गए,
हम सारी उम्र जिंदगी ढूंढ़ते रहे,
वो जीने का सलीका सीखा गए।
हमे तो कायदों में सब्र तलाशते रहे,
उनके होटों पर सुकून मुस्कुराता रहा,
हर जस्बात बेवजह ही हम नकारते रहे,
उनकी आंखो से एहसास झलकता रहा।
नजरों से उनसे लिपट कर हम बुत बन गए,
खामोशी आज मेरे जस्बात ऐसे बया कर गई,
अपनी छुअन से अपना संपूर्ण प्रेम वर्णन कर गए
समर्पण का स्पर्श बनकर में भी उन्हीं में समा गई।

....

तकीये पे जब सिर रखा मैंने,
नींद ने सपनों की चाँदर ओढाई!
पल भर में ना जाने क्या सुकून मिला,
शायद किसी ने प्यार से थपकी भिजवाई!
वक्त फिर आएगा अपनी किसी धुंद में सवार,
मैंने भी तो अपनी चूनर उसके हर रंग में है रंगवाई!
ना मेल, ना खेल, ना कोई बैर किसी से जो याद करू,
उम्र छोटीसी है, क्या दे जाऊ तुझे ऐ जिंदगी तू बता?
झोली में कुछ दुआँऐ है, यही सौगात मैंने है अपनों से पाई!

....

खिलकर मुस्कुराऊ एक बार,
कल तोह मुरझा जाऊंगी यूंही,
आज बाहर हू,
कल पतझड़ बन जाऊंगी यूंही।
रोनक है इस मौसम की मुझसे,
वक्त के साथ गुजर जाऊंगी यूंही,
आज जी लू जरा,
हवा में फिर बह जाऊंगी यूंही।
उम्र की बात क्या करू मैं तुमसे,
जीना तुझे सीखा जाऊंगी यूंही,
दुआओं का असर हूं मैं,
जिंदगी के बाद भी रह जाऊंगी यूंही।

दूर तक बहता पानी,
आसमानी रंग में ढला हुआ,
नीली चादर के तले,
चांद भी बदल ओढ़ा हुआ।
शाम का ये काफिला,
रात में बसेरा ढूंढने चला,
सूरज भी ढलते ढलते,
चांद को रोशन करते चला।

8. कोई एक सुबह.......

नींद से तो जाग गई थी मैं,
पर कुछ देर यही बैठी रही पलंग पर,
सिरहाने अभी कुछ रात बाकी थी,
जो नींद बन आंखों से झाक रही थी।

कमरे का दरवाज़ा तारा ने खुला छोड दिया था,
दिन हल्की हल्की किरणों से कमरे में झांकने लगा है,
सूरज निकल आया है, धूप सी अब चढ़ने लगी है,
पर लगता है,
यूंही बैठे मैंने दिन का बहुत सारा वक़्त गुजार दिया है।

ख्यालों की उथल पुथल से मन घिरा हुआ है,
और फिर एक ठहराव,
ना खुशी, ना दुःख ,
ना तनाव, ना चिंता,
जैसे कोई भाव हीन हो गई हु मैं।

जानती हु कदम जमीन पर रखना है मुझे,
जिंदगी में आगे बढ़ाना है मुझे,
उठकर फिर एक भीड़ का हिस्सा बनना है मुझे।

बस और थोड़ा ठहर जाऊ,
यही सोचकर बैठी रही,
मन ही मन,

न जाने कितना रास्ता नाप लिया मैने,
जैसे किसी मंजिल तक जा पहुंची हु मैं,
न जानू कैसा सुकून है ये,
जिसने बूत बना रखा है मुझे।

9. मुंबई की जिंदगी

बम्बई अब मुंबई बन गया है,
पर भीड़ कम होने का नाम नहीं लेती।
सपनो का शहर है ये,
रोज कई उम्मीदें पहुंचती है इस शहर में।

मकान छोटे होने लगे है,
पर कीमतें आसमान छूने लगी है।
कहते है यह कोई खाली पेट नहीं सोता,
और रास्ता रोज रात आसरा दे ही देता है।

चलने चलाने की कश्मकश है रोज की,
रस्ते खत्म नहीं होते और जिंदगी चलती रहती है।
अब तो रस्ते घर के अंदर झांकने लगे हैं,
बंद दरवाजे कर लोग अपने आप में जीने लगे है।

रोज किसी को उभरते देखा और कोई बर्बाद हुआ,
इस शहर को जीता किसी ने, कोई यहां से हार के गया।
किस्मत की बात है या मेहनत का फल कहो,
इस शहर ने हर एक को कुछ खास दिया है।

जो यह जन्मा, बस यही का होके रहा,
कोई बाहर से आया, वो यही मारना चाहे।
कुछ है मेरी तरह, जो यहां बस ना पाए,
भीड़ में जिंदगी भर दौड़ नहीं पाए।

ससुराल सा रिश्ता है मेरा इस शहर से,
ना निभाए बनते है और ना तो तोड़े।
कही भी जाऊ मैं घूम आऊ,
पर लौटकर फिर घर ही तो आना है।

इस शहर ने मुझे भी बहुत कुछ दिया है,
अच्छा बुरा नहीं नापा मैने।
जो मिला खुशी से लिया,
जो न मिला उसका कोई गिला नहीं।

हवाई जहाज जब ये शहर छोड़ता है,
तो खिड़की से जी भर ताकती हु,
लौटकर आना है यही फिर एक रोज,
ये सोचकर शहर भी मुस्कुरा देता है।

अब भीड़ से डर लगता है,
शहर की रफ्तार से कदम नहीं मिला पाती।
तो क्या हुआ गर मैं रोज भागती नहीं,
ये शहर मुझमें बसा है और ये घर है मेरा।

समुंदर के गोद में बसा है ये मुंबई शहर,
हमारी रोजमर्रा की भाग दौड़ देखता है ये चुपचाप।
हमने जिंदगी यहां कैसे जी,
इसकी रोज गवाही देता है दूर से।

10. संदूक

संदूक सा कुछ पडा है वहाँ एक कोने में,
दिवार से लगकर खडा हैं किसी अजनबी की तरह....
मै भी तो भुलने लगी थी उसे समय के साथ,
यादों को कभी संजोके रखा था मैंने उस डिब्बे में....
सोचा था जिंदगी का हर लम्हा फिर से कभी जियूंगी,
चिठ्ठीयां, ग्रीटीग्ज, चोक्लेट रापर्स और गुडियां....
मैंने कहानियों को कागज के पन्नो पर लिखा,
कुछ किस्सो को चीजों से जोडकर संभाला...
अब जब सालों के बाद लौटी हूँ इस कोने में,
तो लगता हैं क्या जल्दी थी मुझे आगे बढने की....
लौटकर कोई भी पल आता नही है दुबारा,
जी लो जीभर के इसी वक्त को, यही बस अभी...
भरलो यादों को दिल में, कहानियों को खाबों में,
किस्सों को मुस्कुराहटों में, लोगों को दुआओं में....
मैं हूँ अब उस संदूक की तरह खडी दिवार से,
चिजे बिखरी पडी है फर्श पर और खाली है पिटारा...
चाँद आज भी है वही उन बादलों में,
मैं भी ताकती हूँ उसे किसी अपने की तरह...
शायद कुछ नया जोडना हैं, पुराने के साथ,
अभी मुझे पुरा होना है समय के साथ......

11. वो लो जो रोशन है

वो लो जो रोशन है,
ना जाने कितनी दफा खुद जलती है,
अंधेरों को चीरती,
पर तिनका तिनका खुद बुझ जाती है।
रातों के खामोश,
अकेले पन को कुछ कम कर देती है,
ये वो उजाला है,
जो रोज मुझे नई उम्मीदों से मिलाती है।
शाम को जब ये,
भगवान के मंदिर में नीत रोशन होती है,
आरती की थाली,
में एक पवित्र आशिर्वाद स्वरूप लेती है,
मन की चंचलता,
को एक शान्ती पूरक सर्व विराम देती है।
इस लो की रोशनी,
ऐसे मेरे रूह के अंधेरों को चीरती है,
जैसे भगवान की छबी,
मेरे भीतर की घेहरायो से झांकती है।
इस लो की तरह,
मैं भी उम्र भर जलती रहु,
जहा तक चालू,
राहों को उजालों से रोशन करती रहू।

12. गुरु चरणों का आशीष

कहूं किससे सारे काज मेरे,
तेरे बिन कोई ना जान पाए मन भाव मेरे।
क्या करू जब ना समझ आए,
सारी बातें दिल को परेशानियों में उलझाए।
द्वार पे नत मस्तक होकर,
गई ना यहां से हार कर, कभी भी मैं रो कर।
भंवर से कभी जुंज भी जाऊ,
तू मेरा खीव्वाईया है ये सोच बस मैं तर जाऊ।
तेरे स्वर से गूंजती हूं मैं,
हर कठीन चंचलता से सबल गुजरती हू मैं।
भक्ति और श्रद्धा नहीं जानती,
तेरे अलावा मैं और कुछ भी नहीं समझती।
तू राह है मेरी, दिशा भी तू,
मेरा मार्गदर्शन और आखरी अभिलाषा भी तू।
हर नाद का स्वर तुझसे है,
मेरा वजूद, मेरा अस्तित्व बस तेरे होने से है।
गुरु चरणों का आशीष रहे,
तेरे सिवा जीवन में ना कोई और ख्वाहिश रहे।
तुझ में चढ़ाया एक फूल हूं,
तेरे परम सप्रेम स्वीकृति से ही तो मैं सम्पूर्ण हूं।

13. होरी

होरी खेलु तुझ संग,
बिखेरु हर एक रंग,
बस चाहू तेरा संग,
बस रंगु तेरे ही रंग.....

आज भीगा है अंग,
तेरे रंगो में हुआ दंग,
एक मन छुपाए अंग,
वो तेरी प्रीत में है दंग....

हर रिवाज करू भंग,
नियती से करलु जंग,
या तो हो जाऊ मैं ही भंग,
ना होए मुझसे अब ये जंग.....

कान्हा ये कैसा तेरा ढंग,
काहे करे तु मोहे यु तंग,
ढली मैं नीत तेरे ही ढंग,
राधा हुई रे राधा से तंग.......

एक बार चाहू तेरा संग,
गरवा लगाले मोरा अंग,
चढा दे फिर गेरुआ रंग,
होरी का बदलदे तु ढंग,

होना चाहु तुझ में दंग,
मोरी आत्मा है अब तंग,
ना जाने ये कैसी है जंग,
राधा हो जाए कान्हा में भंग.........

14. कागज की कश्ती

कागज की कश्ती,
ईरादों से बनी,
दुआओं से सिची,
खाँबों से लदी,
लहरों पर तैरती,
मंजिंल की ओर चली!

भवर में फँसी,
गोते भी खाती,
आँधी में घिरी,
कभी डगमगाती,
कही संभलती,
मेरी नाव फिर भी चली!

उम्मीदों की रोशनी,
सफर को सवारती,
सपनों को संभालती,
हर मुश्कील नापती,
थक कर कही रूकती,
पर नया जस्बा लिए मैं फिर चली!

15. हे शिवाय शंभू

हे रुद्र,
आक्रोश का तांडव,
अशांत मन का डमरू नाद,
शब्दों में विष घोलता कंठ,
नाग के फन सी डसती सोच,
मानवी रूप में छिपा मुझमें कही राक्षस है!

हे नीलकंठ,
तू मेरे मंथन का मार्ग खोल,
विष का घुट पी मुझे आशिष दे!

हे शंभू,
मुझ में भी विराजे,
तेरी जटा से बहती गंगा की पवित्रता,
शिश पर धरे चंद्र की शितलता,
माथे पे सजे दिव्यद्रृष्टी का तेज,
आंखों में झलकता निर्भय भाव!

हे शिवाय,
तू ही महाकाल है, तू ही अविनाश है,
कर मेरे अवगुणों का विनाश,
हर नकारात्मक का सर्वनाश!

हे महादेव,

मुझमें पलते विधवंस का तू ही अंत है,
तू ही प्रारंभ है, तू ही आरंभ है,
स्वयं के अलवा कुछ नहीं मेरे पास जो तुझे मैं अर्पण करू!

हे भोलेनाथ,
मेरा प्रारंभ तुझ से है,
मेरा प्रारब्ध तुझ में ही,
क्या अर्पण करूं तुझे जो मेरा है,
तेरा अंश हु मैं, तुझी में सामना है।

16. रे कान्हा तेरी राधिका कहे

बतियाना चाहूं,
तोसे कुछ कहना चाहूं,
रे कान्हा पल भर तेरा साथ चाहूं।
तेरी राधिका कहे,
तू नित निरंतर रहे,
ये क्षण हर समय से विरक्त रहे।

तेरे रंग में ढली
तेरे अंग से उभरी
तेरे संग से पूर्ण शृंगार सजी।
तो से कहूं मैं साची,
गोपिका बन नाची,
जब कभी बांसुरी पर धुन रची।

सवाली तेरी छबि,
नटखट खेल सभी,
परेशान यशोदा मैया तेरी।
गोकुल वासी तू,
कृष्ण मुरारी तू,
नंदन सुत हे गोवर्धनधारी तू।

मोरी चुनर रंगाई,
धाम हुल्लड़ मचाई,
तोसे उलझकर मैं खुप पछताई।

माखन चुराया तूने,
मटकी भी फोड़ी तूने,
इस ग्राम को हर आपत्ति से बचाया तूने।

मेरा कर्ता तू,
मेरा धर्ता तू,
मेरे जीने की नम्रता तू।
मेरा कर्म तू जाने
मेरा धर्म तू जाने
मेरे अस्तित्व का मर्म तू जाने।

जीवन का बोध हैं तू,
अंतर्मन का शोध है तू
भागवत गीता का अनुरोध है तू।
तेरे चरणों का ध्यान रहे,
जीवन में धर्म का ज्ञान रहे,
मुझ पे नित निरंतर तेरा वरदान रहे।

मेरा अर्पण है तू,
मेरा समर्पण है तू,
मेरा निर्माण है तू!
तेरा रूप हु मैं,
प्रेम स्वरूप हु मैं,
जगत में तेरा दैवी आत्मरूप हु मैं।

17. ए चांद

ए चांद,
जब कभी तू रात की गहराइयों से झाकता है,
बादलों की चादरों में जब तू करवट लेता है,
समुंदर की लेहेरो पर तू जब एहसास पिरोता है,
हवाओं को जब अपनी रोशनी से तू भर देता है,
झाड़ियों के पत्तो को जब तू हल्केसे सेहेलाता है,
रास्तों पर पड़ा पथझड़ जब तू उछाल देता है,
रेत पर पड़े कदमों के निशान जब तू समेट लेता है,
मेरी तन्हाइयो में जब तू मेरा हाथ थाम लेता है,
मेरे दिल को फुसलाकर जब तू सुकून देता है,
शाम को गहराती रात में जब तू मेरे साथ होता है,
तू जब मेरी रूह से मुझे ही कभी मिलवा देता है,
तब मैं.... मैं हो पाती हूं, तब मैं.... मैं बन जाती हूं।

18. तू

तेरी रोशनी से रोशन हैं हर रात मेरी,
तुझ से शुरू और तुझ पर खत्म हर बात मेरी,
मेरे सिरहाने से रखी है कुछ यादें तुम्हारी,
और चादर की सिलवटों में धुंधली तस्वीरे तुम्हारी।

नींद से कोई खास बैर नही है मेरा,
बस तेरे ख्वाबों पर कोई हक नही है मेरा,
जिंदगी में कभी कही इंतजार नहीं है तेरा,
यारो दोस्तो में अब इजहार नहीं है तेरा।

कभी खुद को ढूंढू तो आधे रस्ते तू मिलता है मुझे,
मेरी खामोश उम्मीदों में दूर खड़ा दिखाता है मुझे,
मेरी जिंदगी से एक समझौता कर लिया है मैं ने,
अपनी ख्वाइशों से तुझे अलग कर दिया है मैं ने।

खाली हथेली खेलती है कभी कभी तन्हाई में,
बारिश की बूंदों में देख लेती हु तेरी परछाई मैं,
आंखों से जो कोई बूंद गिरे तो सहम जाती हु,
तू मिला था कभी ये सोचकर फिर संभल जाती हु।

कुछ जिले शिकवे भी अभी याद नहीं आते,
जो पल गुजर गए वो लौट कर कभी नहीं आते,
तेरे न होने की ऐसी आदत हो गई है मुझे,
तू गर मिले जाय तो ना जाने कहा रखूंगी तुझे।

जिंदगी ने जो दिया वो एहसान है,
तू सबसे खूबसूरत सा एहसास है,
मेरी आंखों में नूर बन तू ही झलकता है,
और होठों पर मुस्कुराहट बन सजता है।

तुझे भूलने का सलीका ना सीख पाई मैं,
पर खुशियों में तुझे संजो कर रख पाई मैं,
कभी दोस्त की जरूरत हो तो तुझे याद कर लेती हु,
दूर से ही सही पर हक से तेरे लिए दुआ मांग लेती हु।

19. हिचकी

थक कर बैठी थी मैं,
खिड़की के पास,
थोड़ा सुस्ता लू,
फिर देखूं जिंदगी की तरफ दुबारा।

नींद लगने ही वाली थी कि हिचकी ने जगा दिया,
एक के बाद दूसरी फिर तीसरी, सिलसिला चलता रहा,
कही रुकने का नाम ही नहीं ले रही थी,
दिल धड़कने का सिलसिला यूंही चलता रहा।

कहते है शायद किसी ने दिल से याद किया,
कहीं दूर मेरे बारे में सोच रहा होगा,
फासले सिर्फ किलोमीटर में नहीं नापे जाते,
ये दूरियां कभी कभी रिश्तों में भी आ जाती है।

खिड़की से ढलते सूरज को ताकती रही,
पर सोच अभी भी हिचकी पर ही अटकी रही,
किसीने दिल से किसी बात पे मेरा ज़िक्र किया होगा,
ना जाने क्या बात हुई जो ऐसे बेसबरी से याद किया।

जब बहुत बेचैनी सी हुई तो लगा,
क्यों बेवजह सिर्फ याद करे कोई,
अरे फोन उठाओ और बात करो मुझसे,
मैं भी तो जानू वजह इस हिचकी की।

शायद ये मुमकिन नहीं होगा,
दरारें कुछ ज्यादा है दरमियान,
या ये वक्त ठीक नहीं,
ना जाने कितने बहाने बना लिए।

क्यों कुछ बुरा हो,
मुझे सोचकर खुश भी हुआ होगा,
या अकेलापन थोड़ा कम हुआ होगा,
जो भी हो बस अच्छा हो।

सूरज अब माध्यम हो गया था क्षितिज पर,
आसमान में उड़ते पंछी घर लौटने लगे थे,
मेरे जेहन में कई नाम आए और चले गए,
हिचकी भी अब मेरे जिक्र की तरह गुम हो गई थी।

20. बारिश

बारिश की बूंदों पर,
मेरा बचपन आज भी चहकता है।
बादलों की मस्ती देख,
मेरा दिल आज भी उछलता है।

रास्तों पर बहता पानी,
नंगे पैरो से उछाल दु तो जरा।

कागज की नाव बनाकर,
बहाव में खुद भी बह जाऊ तो जरा।

स्कूल में कितनी कविताएं,
दोस्तो के साथ दोहराया करती थी।
कॉलेज में चाय की प्याली भी,
यारो के साथ पिया करती थी।

बारिश में कीचड़ होगा,
पर अब कूदने की वजह गुम है।
दाग से कपड़े संभालने है,
उम्र की अपनी अलग ही ये धुन है।

छतों पे गिरती बारिश को,
अब खिड़की से बस ताकती हु मैं।
हाथ निकाल अपना छू लू जरा,

परदों की आड से बस झांकती हु मै।

कभी सोचती हु,
क्या उमर का लिहाज करती है ये बारिश?
या वो तो बरसती है,
पर शायद चुप चाप सी हो गई है मेरी ख्वाइश?

बारिश में भीगना चाहती हु,
ये सोचकर छत पर बरसात से लिपट गई।
उसने भी कुछ ऐसे गले लगाया,
मानो पल भर में कई सादिया सिमट गई।

आज भी तन भिगोती है,
ये बारिश मेरे मन का रुख समझती है।
भीगी आंखों की नमी,
बारिश अपने आंचल में छुपाती है।

आज मिली हो मुझसे,
एक मुद्दत के बाद सही,
तुम्हारा बचपन भी,
होगा यही कही।

धीमे आवाज में सिखा गई,
सारी आदतें उम्र के साथ नहीं बदला करते।
बारिश ने कहा,
कुछ रिश्ते उम्र के साथ नहीं बदला करते।

21. माँ

मेरा अस्तित्व तुझसे,
मेरा व्यक्तिव तुझसे,
हे माँ,
मेरा पूर्णत्व तुझसे।

जन्मभूमि तू मेरी,
कर्मभूमि तू मेरी,
हे माँ,
मातृभूमि तू मेरी।

पहचान है मेरी,
आन है मेरी,
हे माँ,
तिरंगा शान है मेरी।

जगत जननी तू,
स्नेह रूपिणी तू,
हे माँ,
आशीष दायिनी तू।

सुंदर तेरा रूप,
प्रेम का स्वरूप,
हे माँ,
मैं बनू तेरे अनुरूप।

तू चंचल भी,
रहे निश्चल भी,
हे माँ,
भाव नित निर्मल भी।

जन्म देती तू,
विघ्न हरती तू,
हे माँ,
ये पावन धरती तू।

जपूं तेरा दैवी नाम,
तेरे हाथों में परिणाम,
हे माँ,
तुझे मेरा साष्टांग प्रणाम।

सत्सत विवेक बुद्धि,
धर्म की दे मुझे शक्ति,
हे माँ,
चरणों में तेरे रहे भक्ति।

www.ingramcontent.com/pod-product-compliance
Lightning Source LLC
LaVergne TN
LVHW022030200926
848481LV00007B/2630